A LA MER

Paul Margueritte

Copyright © 2022 Paul Margueritte
Édition : BoD – Books on Demand, info@bod.fr
Impression : BoD – Books on Demand,
In de Tarpen 42, Norderstedt (Allemagne)
Impression à la demande
ISBN : 978-2-3224-4504-2
Dépôt légal : Août 2022
Mise en page et maquettage : https://reedsy.com/
Cet ouvrage a été composé avec la police Bauer Bodoni Tous droits réservés pour tous pays.

I

Tout le long du trajet, Albert fut maussade. Pourtant, l'idée qu'il allait connaître l'Océan, courir les grèves, oublier pendant deux mois le lycée, le ravissait. Mais, avec la vanité ridicule et l'égoïsme maladif de ses quinze ans, il se sentait mal à l'aise, dans le wagon, s'imaginant que chacun fixait les yeux sur lui. Un vieillard à lunettes lui jetait, de temps à autre, un regard bleu et froid. Albert se persuadait qu'un col trop étroit, qu'on lui avait imposé, attirait ainsi l'attention ; humilié, boudant de ce qu'il lui faudrait user cette douzaine de cols encore neufs, il en voulait à sa mère, et, pour bien lui marquer son mécontentement, il haussait le menton, se démanchait le cou, risquait une grimace douloureuse. Cette tactique n'obtenant aucun succès, et Mme Janville regardant obstinément défiler la campagne, derrière la vitre, avec ce visage ferme et résigné des veuves auxquelles la vie n'est pas toujours facile, et qui n'élèvent pas un fils unique sans tiraillements ni souffrances, Albert se composa une expression d'amertume et de dédain, la bouche à la Bonaparte, le front inspiré, de l'air de quelqu'un qui regarde de haut l'univers et scrute l'avenir. Ah ! comme il porterait des faux cols à son goût, quand il aurait atteint sa majorité.

Vraiment, sa mère ne savait pas le comprendre. Elle le traitait trop en enfant, ne comprenant pas qu'il fallait faire la part du temps, et qu'il était presque un homme, déjà. Elle ne semblait pas se douter qu'elle devait compter avec l'intelligence distinguée, la pénétration, le sens de la vie étonnamment développé, toute l'âme précoce de son fils. S'imaginait-elle qu'il jouât encore aux billes ? Ne savait-elle pas quel mépris il avait pour les camarades brutaux et prosaïques et qu'il passait ses récréations, non à courir, mais à discuter avec un ou deux amis, en des causeries philosophiques, les plus graves questions, telles que l'immortalité de l'âme, ou l'avenir des races latines ? Comme preuve irréfutable de sa supériorité, n'avait-il pas obtenu le second prix de composition française et un accessit d'histoire ? Qui lui aurait dit qu'au lieu de s'avouer satisfaite et, disons le mot, reconnaissante, fière même entre toutes les mères, Mme Janville lui glisserait, entre deux baisers :

– C'est très bien, mais j'attendais mieux de toi, mon enfant !

Injustice, injustice de ceux qui nous aiment le mieux ! Et Albert parut s'enfoncer dans une méditation profonde, un peu triste, mais pleine de dignité et qui signifiait clairement que le mérite a toujours été méconnu, mais qu'il ne faut pas désespérer que sa splendeur éclate, un jour, à tous les yeux. On verrait bien, dans quelques années ! Le nom d'Albert Janville serait peut-être célèbre ; à quel titre ? Grand savant, général fameux, acteur égal à Talma, homme politique, on ne savait encore ; mais ne tenait-il pas, dans sa main, l'œuf de fée prêt à éclore, le magique talisman de la jeunesse apte à tout, vorace d'ambition, ivre de vie ? Pourquoi ne donnerait-il pas un lustre inattendu, prestigieux, au nom de son père, ingénieur de talent, mort obscurément d'une insolation, victime des chantiers de Panama ? Il songeait à ce père, qu'il avait peu connu, dont il ne se rappelait qu'un puissant visage barbu, des yeux sévères, une voix forte. Sa mort avait laissé aux siens des ressources très modestes. Ce souvenir entretenait, dans l'esprit d'Albert, l'oppression confuse de la vie stricte à laquelle il sentait sa mère et lui condamnés, la rancœur qu'il éprouvait à rencontrer des camarades roulant en voiture, habillés de neuf et de clair, la privation des plaisirs qu'il eût aimés, tels que le théâtre, apprendre à monter à cheval, etc. Il souhaitait passionnément une bicyclette, et sa mère, sans la lui refuser positivement, alléguait la dépense, atermoyait.

« Non, pensait Albert, non, ce n'est pas la vie heureuse, le bonheur, l'indépendance, la richesse auxquels *j'ai droit* ! » Et au lieu de se dire qu'il ne tenait qu'à lui de travailler de toutes ses forces afin de se créer plus tard une situation conforme à ses goûts, il préférait s'en prendre à l'injustice des choses et à la mauvaise volonté des gens, personnifiées l'une et l'autre, à ses yeux, dans la résistance douce et entêtée que sa mère était bien forcée, parfois, d'opposer à ses caprices d'enfant gâté.

Mais il avait beau bouder contre lui-même, le lumineux paysage normand, avec ses gras pâturages, ses lourds bestiaux regardant, immobiles, passer le train, ses plateaux d'épis balayés d'un vent salé, ses bouquets d'arbres enveloppant des fermes, çà et là, la sérénité de la terre et du ciel très vif, d'un bleu pâle, le saisissaient d'un sentiment confus de joie et d'admiration inavouée qui touchait à l'impatience. Quand apercevrait-il, enfin, la mer ? Des voix tout à coup, à l'autre bout du wagon, des gestes la désignèrent. Mme Janville tourna la tête : là-bas, un petit triangle, un fragment de miroir, c'était l'Océan !

– Albert, vois, la mer ! dit la veuve avec un sourire qui faisait les avances et semblait demander trêve à la bouderie.

Il répliqua, sans regarder, comme si c'eût été indigne de lui de marquer une curiosité, et accentuant l'indifférence hostile de sa réponse :

– La mer, parfaitement, ça m'est bien égal !

Elle le toisa d'un œil de reproche étonné et attristé, et, pour la millième fois, se reprocha intérieurement d'être une mère trop faible, qui ne savait pas se faire craindre. Ce qui ne l'empêcha pas, dans sa tendresse charmante et absurde, interprétant l'insolence d'un bâillement qu'Albert comprimait mal comme l'indice d'une faim justifiée par l'heure du goûter, de lui demander, en atteignant un nécessaire d'où elle s'apprêtait à tirer du pain et une tablette de chocolat :

– Veux-tu manger ?

Il la foudroya d'un regard de suprême dédain, à cause des voyageurs qui s'étaient retournés vers eux, et, dissimulant sa blessure d'amour-propre – (était-il un enfant pour faire la dînette ?...) – il ébaucha un geste de refus souriant et supérieur, d'une ironie profonde.

– Oh ! moi, j'ai faim, fit Mme Janville, et bonnement, elle croqua un peu de pain et de chocolat, en lui affirmant :

– Tu as bien tort, je t'assure !

Il détourna la tête avec mépris et essaya d'affronter le regard perspicace et insistant du vieux monsieur à lunettes ; il n'y parvint pas et se sentant rougir, comme si le vieillard lisait à livre ouvert sur son visage, il se mit à feuilleter l'indicateur des chemins de fer, d'un air absorbé, pris d'une si soudaine et inexplicable timidité que, s'apercevant qu'il le tenait à rebours, il n'osa le retourner dans ses mains, et continua, sous le regard fixe du vieux monsieur, à en tourner les pages, comme s'il prenait son plaisir à lire le nom des stations la tête en bas ! Heureusement le train stoppa :

– Vimeuse ! cria l'employé.

II

Leurs cousins, les Archer, les attendaient sur le quai ; Ferdinand, gros et court, une figure qui suait l'importance et le contentement de soi, se précipita, embrassant Mme Janville avec effusion devant tout le monde, et la jeta dans les bras de sa femme, Gabrielle, jolie boulotte au rire enfantin, qu'on appelait « Brielle ».

– Comme Albert a grandi ! s'écria-t-on.

Il souriait gauchement, les bras au corps, gêné par cette exclamation inévitable qu'on proférait, chaque fois qu'on le revoyait. M. Archer lui prit le bras :

– « Embrasse donc Nénette ! » il le poussa vers sa fille, une petite sauterelle sèche dont les grands yeux de braise luisaient, en regardant Albert, qui l'embrassa comme il eût embrassé un morceau de bois ; il avait encore sur la lèvre la douceur des joues, parfumées de poudre de riz, de Gabrielle.

M. Archer se multipliait, jetant des saluts, parlant haut ; il empila tout le monde dans un omnibus, fit charrier les malles, tandis que Mme Janville contrite, répétait :

– Ferdinand, vous vous donnez un mal ! Albert, aide-donc ton oncle !

On avait jugé cette appellation plus convenable ; mais Albert estimait cette sujétion ridicule, et il ne sut pourquoi, il se sentit un peu humilié, comme si le nom de tante, adressé à Gabrielle, supposait une nuance de déférence plus marquée, moins d'intimité que celui de cousine. Il ne bougeait pas de sa place, d'ailleurs paralysé par un accès de timidité, craignant, s'il descendait, qu'on ne lui prît cette place, où il était bien, serré contre « sa tante », dont il sentait les hanches, à travers une élégante jupe de lainage bleu-marin, à broderies russes. Gabrielle posa une main gantée de Suède sur sa main de collégien, pas très blanche, et que la descente de wagon avait salie :

– Mais comme tu as grandi, mon petit Albert, te voilà un homme à présent !

Elle partit d'un éclat de rire :

– Thérésine, tu sais, dit-elle à Mme Janville, Albert sera ma passion ! Nous nous amuserons ensemble, demain il y a une pêche à la crevette. Albert sera mon cavalier ! C'est qu'il a presque de la barbe !

L'adolescent rougit de plaisir et de confusion. Ce n'est donc pas pour rien qu'il se rasait les joues et s'estafilait le menton ; le problématique duvet de ses lèvres, foncé, par un sournois cosmétique, apparaissait enfin, comme une ligne d'ombre douteuse, sous son nez. Gabrielle l'avait vu, c'était un fait désormais avéré ; et il sut gré à la jeune femme de sa vue perçante et de sa divination.

Mais, comme il se dilatait, ce petit criquet de Nénette, en face de lui, le regardait avec des yeux tout noirs, une face soudain grave et rigide, la bouche rentrée de jalousie, parce qu'il ne faisait aucune attention à elle.

– Ah ! enfin ! – s'écria Mme Janville, en voyant M. Archer revenir vers l'omnibus et s'introduire auprès d'elle ; – vraiment, Ferdinand, je suis honteuse de la peine que vous prenez pour nous !

Il eut un rire de satisfaction, secouant sa grosse tête, et il tapa sur les genoux de sa femme en disant :

– Eh bien, Brielle !

Il ajouta, en interrogeant Mme Janville :

– N'est-ce pas que ma petite Bribri a bonne mine ? L'air de la mer l'a brunie. As-tu pensé au pâtissier, mon petit chat !

– Mais oui, mon petit Ferdinand, et il y aura de belles pêches d'espalier et des écrevisses, grosses comme la main ! – C'est pour le dîner ! ajouta-t-elle en guise d'explication, ce qui fit protester bien haut Mme Janville :

– Tu m'avais promis de nous recevoir sans cérémonie ! Vous vous êtes déjà donné assez de mal ! Pourquoi faire des folies ?

Les Archer les avaient attirés à la mer, s'étaient chargés de leur trouver un logement et de leur retenir une servante. Ils s'étaient montrés froids, à l'origine, lorsque Mme Janville avait perdu son mari ; Archer, représentant d'une grande maison de vins de Bordeaux, gagnant cinquante mille francs par an, craignait que la parenté des Janville ne lui fût onéreuse. Devant la dignité de sa cousine, vivant de façon modeste mais irréprochable, ne lui demandant aucun service d'argent, il s'était rassuré ; et leurs relations, pour n'être pas intimes, n'en avaient pas moins été cordiales.

Les Archer invitaient Mme Janville et son fils à dîner, de loin en loin ; ils donnaient de bons conseils à la mère et montraient de la sympathie au fils. Ferdinand eût aimé avoir de l'influence sur Albert, lui enseigner la vie, le préserver de contacts dangereux ; il sollicitait, à cet effet, la confiance du jeune homme, affectant de le traiter en garçon au-dessus de son âge, prévenance à laquelle Albert, flatté, daignait répondre assez gracieusement.

L'omnibus roulait, cahotant, au long d'une route étroite bordée de pommiers ; on découvrait, dans la verdure, des chalets, perchés sur les hauteurs : une rue de village s'ouvrit, encaissée entre deux falaises ; on aperçut l'enseigne d'un hôtel, les bocaux d'un pharmacien, quantité de messieurs à bérets et à ceinture de flanelle rouge, dames en toilettes claires et enfants à costume marin.

L'omnibus tourna sur une petite place, enfila un bout de rue et s'arrêta devant une porte et une balustrade de jardin enfouies sous des plantes grimpantes, que perçaient, comme des houlettes fleuries, de hautes roses trémières, et, en un caprice d'arabesques folles, des clochettes de liserons et de volubilis.

– Oh ! comme c'est joli ! s'écria Mme Janville, sitôt entrée dans la cour, extasiée devant un rideau de glycines lilas qui vibrait, d'un frisson continuel, au long du mur qu'il tapissait, dans la brise dont les bouffées cinglaient au visage.

– Entrez, entrez ! répétait M. Archer triomphant, et qui s'attendait bien à ce petit succès :

– Ah voilà votre femme de ménage. Bonjour, Mélanie ; elle s'appelle Mélanie !

Une vieille femme se précipitait, suivie de la propriétaire, grosse dame à cabas et aux cheveux acajou, au masque d'actrice retraitée ou de fille engraissée et fanée.

– Et voilà Mme Kuysper, avec laquelle vous vous entendrez parfaitement, car elle est la complaisance même !

La dame acajou et couperosée minauda un sourire, en déclarant :

– Mes locataires, madame, ne sont pas des locataires, ce sont des amis. Et il suffit que M. Archer s'en mêle pour que je fasse tout mon possible pour vous être agréable. Voici la cuisine, la salle à manger, le salon, deux chambres à coucher, un débarras, le petit endroit. Tout est très propre, comme vous pouvez voir ! D'ailleurs, s'il vous manquait quelque chose, Mélanie, – elle échangea un regard d'intelligence avec la servante, qui avait l'air d'un vieux loup rusé – Mélanie n'aurait qu'à me le demander !

Elle souleva les matelas, cardés à neuf, énuméra la batterie de cuisine et le linge, ne voulut accepter aucun règlement d'avance, répétant qu'avec M. Archer, elle était sûre des personnes qu'il lui recommandait, et se retira, par discrétion affectée, laissant Mme Janville au plaisir de se retrouver en famille, – ce qu'elle comprenait si bien ! – ajouta-t-elle avec un sourire et un hochement de tête qui secoua ses trois mentons plissés, de l'air d'une personne qui en sait long sur la vie.

– Eh bien ? demanda M. Archer en se croisant les bras, avec un petit rire qui appelait de nouveaux remerciements, car, brave homme au fond, il ne pouvait dissimuler son insatiable vanité. Et quand la cousine lui eut pris les mains en l'assurant de sa reconnaissance, en le complimentant à l'excès de son bon goût, de son sens pratique, qui lui avait fait concilier, dans son choix, l'élégance du logis et le bon marché, une « occasion » assurément unique, M. Archer but du lait, sans reprendre haleine, tandis qu'avec des gestes de fausse modestie, il semblait dire : « Assez, je bois trop, ne m'en versez plus ! »

Albert, pendant ce temps, dans le petit jardin, cueillait les roses d'un rosier de plein vent et les offrait d'un geste délibéré et maladroit, à Gabrielle, qui le regardait faire en souriant.

– Comme tu es gentil, mon petit Albert, dit-elle en prenant les roses, mais elle poussa aussitôt un cri : une épine l'avait piquée, à travers le gant.

– Ça ne fait rien, mon petit Albert, tu es gentil tout de même !

Et elle lui caressa le visage, maternelle et coquette, avec les roses.

III

On devait retrouver, avant le dîner, les Archer sur la plage. Seul avec sa mère, Albert reprit sa maussaderie du voyage. Il livra bataille avec le col propre qu'il dut mettre, et profita de ce que ce col était trop étroit vraiment, pour s'érailler les ongles et casser deux boutons dessus en tirant la langue d'un étranglé. Puis il affirma l'intention de mettre un pardessus neuf, que sa mère jugea trop léger pour le soir ; il s'enrhumerait certainement.

– Eh bien, je m'enrhumerai, – dit Albert, – mais au moins, je ne serai pas *ridicule* !

Le grand mot était lâché ; il abominait le vieux pardessus en gros drap que sa mère voulait lui voir mettre ; il se reprochait de contracter dedans l'allure d'un vieux notaire, et il s'y sentait contraint au point de n'oser y faire un geste, de s'y promener, et bien malgré lui, dans l'attitude raide d'un mannequin de bois. Il n'y avait sorte de ruses et de perfidies auxquelles il n'eût recouru pour vieillir prématurément et rendre hors de service ce vêtement. Tantôt il l'exposait sur l'appui de la fenêtre, à la pluie battante ; tantôt il en laissait pendre une manche dans le feu, d'autres fois il répandait dessus d'inexpugnables corps gras, déchirait la doublure, lacérait les poches ; et toujours, par une magie, il retrouvait les taches enlevées, les fentes recousues, l'étoffe brossée jusqu'à l'âme : râpé, retapé, invalide, mais robuste, le vieux pardessus se refusait à mourir ; aussi Albert le détestait-il à l'égal d'un être vivant.

Enhardi par le silence stupéfié de sa mère, il continua :

– D'ailleurs, je ne veux plus le mettre, il est usé, il est affreux, il est grotesque, je ne le mettrai pas !

Mme Janville lui saisit les mains, et l'adjurant, avec le visage inspiré d'une pythonisse, une véhémence solennelle :

– Albert, ne dis pas cela, c'est mal, mon enfant ! un pardessus qui a coûté cent cinquante francs et que tu ne portes que depuis trois ans ! Crois-moi, je suis ta mère, ai-je intérêt à ce que mon fils soit ridicule ? Il te va admirablement, et je ne sais pas, – fit-elle avec accablement – pourquoi tu te refuses à porter une chose qui te va si bien ?

Il ricana, avec satanisme, marquant bien qu'il n'était pas dupe :

– Que veux-tu, je n'ai pas ton goût, ton excellent goût ! À quoi bon discuter d'ailleurs, je ne le mettrai pas ! Tu ferais mieux de le donner à un pauvre !

Mme Janville, qu'un long énervement portait à bout, montra un visage bouleversé, et d'un mouvement qui eût été sublime, si l'accent trop tragique de sa phrase ne l'eût teinté d'un léger ridicule :

– Le pauvre, mais c'est toi, malheureux enfant ! Quand on est dans notre position, on use ses effets. J'use bien les miens, moi !

– Ah ! fit Albert, profondément humilié, alors achète-moi aussi des sabots, pour que j'aille mendier sur la plage, si nous sommes si pauvres que ça ?

Mme Janville essaya de recourir à l'énergie, et avec un effort désespéré.

– Je ne sais pas pourquoi je te réponds ; écoute, Albert, tu mettras ce pardessus, ou je dirai à ton « oncle » Ferdinand que tu ne veux pas m'obéir ! Oui, je le dirai à tout le monde, ce soir !

– Parle plus bas, fit-il sèchement, la bonne écoute derrière la porte !

– Elle ne peut pas entendre, – dit Mme Janville, en baissant cependant la voix, car elle avait autant de respect humain que son fils – d'ailleurs, toutes les mères peuvent écouter, à la porte, et si cette femme a des enfants, elle me donnera raison !

– Fais entrer les passants pendant que tu y es et prends-les pour juges ! riposta Albert avec aigreur. Quant à mon « cousin » – il souligna ce mot, qu'il employa exprès par mutinerie, – ne t'y fie pas, il n'est pas pour qu'on élève les jeunes gens à la Prussienne, une-deux, comme tu voudrais, comme tu essayes de faire ! N'oublie pas que je dois être un jour le chef de la famille, et que je remplace ici mon père !

– Ton père ! exclama douloureusement Mme Janville, plût à Dieu qu'il fût ici pour te faire obéir. La tâche des femmes veuves n'est pas commode, oh ! non, ni agréable, avec des enfants ingrats et révoltés. Tu me punis cruellement de ma bonté, ou plutôt de ma faiblesse pour toi !

– Allons, maman, voyons, pas de grands mots pour un misérable pardessus !

– Le pardessus, oui, et les faux cols, et la bicyclette, et le jour où je n'ai pas voulu te mener à l'Odéon, et la scène que tu m'as faite après une visite chez les Reverchon ; tout te sert d'occasion pour m'opprimer, et tu me rends vraiment bien malheureuse !

– Moi ! fit-il au comble de la stupéfaction, mais d'une stupéfaction à moitié jouée, et il avait la sensation que leurs paroles n'étaient pas d'un ton juste, manquaient de simplicité, prenaient quelque chose de théâtral, – moi, c'est moi qui t'opprime ! Moi, qui te force à mettre des faux cols qui t'asphyxient ; moi, qui te force à revêtir un pardessus infect ? Allons bon, tu pleures ! Est-ce ma faute ! Voyons, maman, maman, ne pleure pas. Allons, mais c'est à moi que tu fais de la peine, méchante ! Ne pleure plus, veux-tu que je le mette, tiens, je le mets, *ton* pardessus !

– Non, mon enfant, mets le neuf ! dit Mme Janville, en contenant les larmes que son fils lui épongeait aux yeux, de son propre mouchoir.

Et ayant cédé, comme toujours, prenant l'air malheureux d'Albert pour une expression de sincère regret, elle murmura :

– Je ne pleure plus, c'est fini, mais alors, si tu me permets... de te donner un petit conseil, prends un foulard, je ne veux pas que tu t'enrhumes !

Albert sortit, sanglé dans le pardessus neuf qui ne lui fit, cette fois, aucun plaisir ; même, ce qu'il n'éprouvait jamais, il y fut gêné, mal à l'aise. Persuadé que tout le monde s'en apercevait, il marchait dans la rue d'un air indifférent et détaché, ne sachant que faire de ses bras, qui l'embarrassaient positivement. Il les nouait derrière son dos, les agitait en battant de pendule, les fourrait dans ses poches, et, quoiqu'il fît, il gardait l'impression que ce n'était pas cela et qu'il ne parvenait point à l'aisance naturelle et simple qu'il rêvait. Sa façon de regarder les gens s'en ressentait : tantôt, croisant un groupe, il baissait le nez devant les yeux clairs d'une jeune femme ou le sourire – moqueur, croyait-il – d'un beau garçon à moustaches ; tantôt il toisait les passants, de haut, avec une hardiesse feinte ; et toujours, comme une obsession, il croyait sentir sur lui les regards des gens, ceux des vitrines de boutiques, ceux des fenêtres closes ; parfois une chaleur à la nuque lui donnait la sensation de quelqu'un l'épiant et le bafouant par derrière. Il se demandait s'il n'avait pas en lui quelque chose de risible, avait envie de se passer la main sur le dos pour y effacer le signe à la craie tracé par un mauvais plaisant imaginaire, se tourmentait de savoir s'il ne s'était pas mis, par hasard, du noir au bout du nez. Et dans cet accès de « folie du ridicule » qui le hantait, il se sentait tout à coup rougir comme un coquelicot, sans pouvoir s'en empêcher, rougissant au contraire d'autant plus qu'il faisait effort pour distraire sa pensée, la fixer ailleurs. Son amour-propre ulcéré lui infligeait perpétuellement de tels supplices !

Pourtant il s'oublia un peu lui-même en approchant de la grève, le bruit de la mer grondante lui emplissant l'oreille et le saisissant d'un trouble, où perçait un soupçon d'attente et de crainte. Brusquement, au coin de la rue, le vent le souffleta, un embrun âpre le couvrit de poussière d'eau ; il aperçut la plage minuscule, tout en galets, que la marée, par vagues courtes et drues, couvrait presque jusqu'à battre le pied des falaises. Un soleil rouge plongeait son disque derrière la mer gonflée et moutonnante : sa lueur rose s'en venait, du bout de l'horizon, mourir sur la crête des dernières vagues ; à chaque battement du flux une digue d'algues se soulevait, tout un fumier brun s'étalait dans l'écume, qui laissait voir en se retirant un grouillement de petits crabes et d'araignées de mer. Sur la gauche, des vagues brisaient sur des roches, en rejaillissements de bave, en clapotis ruisselants, en fusées de neige. Un promontoire, sur la droite, s'avançait en proue de navire, submergé à chaque seconde, émergeant noir quand même, plus haut que la furie des vagues, dans le ciel pâle du crépuscule ; parfois il semblait plonger, vivant flotter comme une épave, rebondir ; et dans le grand vent frais qui remplissait la poitrine, les oreilles bourdonnantes, les lèvres salées, Albert, étourdi et engourdi, en proie à un accablement tumultueux et à une ivresse de bruit et de force, s'avançait, fasciné, aimanté par le flux, attendant, avec une horripilation délicieuse, l'étalement du flot qui lui trempait les semelles, ses misérables préoccupations de collégien se taisaient devant ce spectacle, il s'élevait au-dessus de la vie médiocre, quelque chose de grand le pénétrait !

IV

Il se retira, on lui frappait sur l'épaule.

Un garçonnet en complet gris lui souriait ; il reconnut, à son grand étonnement, un de ses camarades du lycée Louis-le-Grand, Pierre Émonot. Une sympathie l'avait toujours attiré vers cette petite figure sérieuse et réfléchie, ce garçon frêle, aux gestes rares, à la distinction réservée ; mais, comme ils n'avaient pas les mêmes amis et qu'Émonot n'était qu'en troisième, leurs relations étaient restées banales, sans s'accrocher plus, pleines d'une bonne volonté mutuelle qui n'avait pas abouti.

– Comment ! s'écria Albert, tu es à Vimeuse ?

Il regardait Émonot avec une surprise réjouie et un certain respect, parce que ce dernier avait remporté tous les premiers prix de sa classe, et en même temps, la supériorité latente de son camarade, son sérieux qui ne le faisait jamais se prêter aux farces et aux mutineries, ses yeux purs et froids qui semblaient ignorer les choses laides de la vie de collège ou plutôt vouloir les ignorer, tout cela lui inspirait un embarras et comme une petite honte à lui qui, déjà si peu parfait, se sentait hanté de pensées troubles, en crise de seize ans, la puberté venue.

– Viens que je te présente à ma mère ! dit Émonot.

Une angoisse ressaisit Albert et il balbutia des excuses, cherchant des gants dans sa poche, rehaussant son col étroit, mais Pierre le rassurait, d'un air d'indifférence et le conduisait vers une cabine tapissée de nattes de jonc, dans laquelle une femme aux cheveux blancs, à taille élégante, travaillait à un ouvrage de tapisserie ; elle leva les yeux en les voyant venir et tandis que Pierre disait :

– Je te présente mon ami, Albert Janville...

Elle avait une façon franche de lui tendre la main et de le regarder en face en disant :

– Bonjour, monsieur, je suis heureuse de vous connaître, mon fils m'avait parlé souvent de vous.

Cela surprit Albert et le flatta d'autant plus ; n'étant pas lié intimement avec Pierre, il fallait, pour que celui-ci eût parlé de lui qu'Albert lui fût plus sympathique qu'il ne l'imaginait et ne l'espérait ; cela lui donna une plus haute idée de son propre mérite, et rien ne contribua plus à lui donner l'assurance nécessaire pour soutenir la conversation. Mme Émonot, lui ayant plu tout d'abord, ne tarda pas à le conquérir de plus en plus, par cet on ne sait quoi des manières qui allie l'esprit à la bonté, la fermeté à la douceur, témoigne d'une âme haute et débarrassée de préjugés mesquins, d'un cœur large et droit. Très vite, Albert eut cette intuition que Mme Émonot ne ressemblait pas aux autres femmes, leur était supérieure. Il subissait l'attrait indéfinissable d'une grâce féminine toute virile et cependant très délicate, et ne s'expliquait pas comment ce visage de femme de trente-cinq ans passés, beau et lumineux, avec la marque de la vie pourtant et de la souffrance, pût s'accommoder de ces cheveux blancs, qui, ne la vieillissant que de loin, la faisaient paraître de près toute jeune, semblaient le caprice coquet d'une femme qui se serait poudrée en marquise.

Ce qui le charmait surtout, c'est que, sans artifice, sans avoir l'air d'y songer, elle employait avec lui le ton juste et les manières qui pouvaient le mettre le plus à l'aise, lui donner l'impression, non qu'on le prenait au sérieux par condescendance ou pour le flatter, mais qu'on l'acceptait tel qu'il était, sans qu'elle parut le moins du monde s'apercevoir des bouffées de timidité qui lui montaient, au visage, en teintes roses, ni des poses d'une immobilité contrainte qu'il gardait, ni de son faux aplomb qui tout à coup le faisait s'exprimer d'une façon trop absolue ou trop libre. Elle le regardait comme s'il l'intéressait vraiment, avec sympathie, avec aisance, et il en était délicieusement chatouillé dans son amour-propre, et comme réchauffé et fortifié dans le cœur. Il lui semblait cette chose précieuse et douce entre toutes, que Mme Émonot et lui se connaissaient déjà, se retrouvaient, étaient et seraient amis. Il ne pouvait, en même temps, oublier qu'elle était femme, et il respirait avec une volupté inavouée un fin parfum d'iris blanc qui s'exhalait de sa personne ; il épiait ses mains, maigres et nerveuses, d'un blanc pâle sillonné de veines transparentes et bleuâtres ; il la regardait timidement ou franchement, tour à tour, au visage, et la trouvait belle et aimable ; mais, pour la première fois, chez un adolescent hanté par le mystère féminin, il n'osait pousser plus loin l'investigation hardie de sa pensée, ne se représentait pas Mme Émonot dans le secret de l'intimité et le dévoilement de son corps, comme il s'imaginait telle autre femme, moins digne et moins pure d'attitude, sa cousine Gabrielle, par exemple.

Il resta plus longtemps que les convenances ne l'y autorisaient, mais chaque fois qu'il faisait mine de se retirer, l'aimable femme, d'un geste simple, l'invitait à rester, si toutefois, disait-elle, rien ne le pressait ailleurs. Il n'eut pas le soupçon qu'en le faisant ainsi parler, qu'en l'interrogeant sur ses goûts, sur le lycée, sur sa camaraderie avec Pierre qui les écoutait, paisible, avec son sourire réfléchi, elle cherchait peut-être, par prudence maternelle, à discerner ce que des rapports d'amitié entre les deux jeunes gens pourraient offrir d'avantageux ou de nuisible à son fils. Il se dit seulement qu'il avait sans doute intrigué Mme Émonot par l'originalité de son esprit, qu'il l'avait séduite par son caractère sympathique ; et comme il avait de lui-même une très haute opinion, il jugea que cette dame avait le goût bon, le jugement sain, était extrêmement intelligente, voire une femme supérieure, puisqu'elle avait su, du premier coup, l'apprécier !

Mme Janville parut à l'autre bout de la plage ; elle marchait vite, en jetant autour d'elle des regards inquiets et mécontents. Albert se sentit en faute, très en retard sans doute, et balbutiant un :

– Voici ma mère, – il se leva pour partir. Mme Émonot dit :

– Voulez-vous me présenter à elle ?

Précisément, Mme Janville venait d'apercevoir son fils, et très surprise qu'il fût avec des inconnus, indécise de savoir si elle allait l'appeler ou lui faire signe, elle avait de plus en plus cet air effaré et déconcerté qui fait ressembler une mère à une poule rappelant son poussin. Albert alla à elle avec empressement, pas trop vite cependant pour ne pas compromettre sa dignité.

– Avec qui étais-tu ? Tu sais que je n'aime pas que tu parles aux étrangers !

– Mais c'est la mère de Pierre Émonot, mon camarade de lycée, dont je t'ai parlé. Cette dame désire faire ta connaissance.

– Ah ! murmura Mme Janville, Émonot, non, je ne me rappelle pas, tu n'as jamais prononcé ce nom. D'ailleurs les Archer seront très fâchés, sais-tu quelle heure il est ? Tu es en retard de trois quarts d'heure, partons ! Ils sont venus sur la plage sans te trouver, je suis venue aussi. Tu étais trop absorbé sans doute ! Et tu sais que ton oncle n'attend jamais à table !

– Mais cette dame vient à ta rencontre !

Mme Émonot s'avançait, en effet, accompagnée de son fils. Elle aborda Mme Janville avec sa franchise ordinaire, cordiale et sereine, fut très aimable ; la mère d'Albert, forcée de se montrer polie, resta sur la réserve et prit congé, presque aussitôt. Mme Émonot, comme on se saluait, risqua cette invite :

– Si j'osais, madame... mon Pierre est très seul, nous comptons faire demain une grande promenade en voiture, voulez-vous permettre à monsieur votre fils de nous accompagner, si toutefois... – ajouta-t-elle avec un gracieux sourire à Albert – cela ne l'ennuie pas.

Albert allait accepter, d'emblée ; mais sa mère fit observer qu'une partie de pêche à la crevette était projetée pour le lendemain avec leurs cousins, les Archer, et que...

– Ah ! M. Archer est votre parent ! demanda Mme Émonot, et ce nom, que Mme Janville avait lancé, avec un peu d'ostentation, pour se couvrir du pavillon de son riche cousin, Albert crut, peut-être était-ce une illusion, que Mme Émonot l'avait prononcé avec une nuance défavorable, à peine sensible du reste.

Mme Janville, prise d'une fausse modestie, proclamait sa parenté avec Archer, glissant habilement un mot sur la fortune de Ferdinand ; c'était leur chalet, un des plus beaux de Vimeuse qu'on apercevait, elle le montra du doigt, à travers un bouquet d'arbres, à mi-falaise.

Mme Émonot acquiesçait, avec un air de dire qu'elle savait, assez froid, à ce qu'Albert s'imagina :

– Eh bien ! – fit-elle, – si vous n'êtes pas libre, ce sera pour une autre fois : et si vous pouvez venir, venez !

– Mais, – suggérait-il, – si Pierre venait pêcher la crevette avec nous ; c'est très amusant à marée basse ! On se mouille les jambes !

Mme Janville se taisait, Mme Émonot dit avec son ton de calme et de supériorité, comme si elle avait lu dans le regard de son fils :

– Je regrette, Pierre préférera me tenir compagnie, je crains d'ailleurs qu'il ne s'enrhume !

On se sépara sans insister, de part ni d'autre.

V

Par grand hasard, il se trouva que le dîner des Archer n'était pas prêt ; il était arrivé un malheur à la cuisinière dont le rôti avait brûlé, et cela préoccupait bien plus Ferdinand et sa femme que de ne pas voir arriver leurs cousins. Quand ceux-ci firent leur entrée, les Archer sortaient d'une scène, le mari accusant Gabrielle de ne pas surveiller assez ses domestiques. Brielle bouda, Archer finit par lui demander pardon, l'embrassa sur ses joues rondes et lui prenant la taille :

– Cette Brielle, – marmonnait-il, – elle est dans son tort, et c'est encore moi qu'elle gronde ; allons, Bribri, ne fais pas ta moue. Tu es si gentille quand tu ris.

Et il la chatouilla, tandis qu'elle lui donnait des tapes sur le nez, gentiment.

– Albert, – s'écria-t-elle, – viens ici, pourquoi ne t'avons-nous pas trouvé sur la plage ?

– Il m'a fait assez chercher aussi, – dit Mme Janville. – Il paraît qu'il avait retrouvé un camarade, et il causait avec la mère, une Mme Monod, Nomot...

– Émonot, rectifia Albert.

Archer demanda, subitement intéressé :

– Une belle personne, grande, simplement mise, et qui a des cheveux blancs ? C'est la femme du richissime banquier Émonot, de Lyon. Tu lui as parlé, comment est-elle ? Ce serait une excellente relation pour Albert, fit-il en se retournant vers Mme Janville, sur qui les mots magiques de richesse et de banque avaient agi, et qui dit vivement à son fils :

– J'avais mal entendu ; Émonot, en effet, tu m'avais parlé de son fils, je me rappelle maintenant. Il a l'air bien intelligent, ce jeune homme, mais un peu délicat de santé ?

Tout le monde s'intéressa alors aux Émonot, et Albert se sentit bien plus flatté d'avoir pu intéresser une femme si exceptionnelle à tant d'égards ; seulement l'idée qu'elle était très riche le tourmenta : si elle allait le mépriser en sachant que sa mère et lui n'avaient qu'une petite aisance ? Mais la bonté peinte sur son visage réfléchi et la simplicité haute de ses manières le rassura.

Nénette parut poussant brusquement la porte ; elle était vêtue d'une robe rose qui découvrait ses bas noirs, et elle sentait bon le savon à la violette, la peau fraîche sous le baiser qu'elle alla demander à sa tante et à Albert. Elle se donnait comme lui un maintien d'importance, très raide et cependant très vive, en sèche petite personne, comme les enfants qui jouent à la madame, et elle semblait intimer à son cousin de ne pas la traiter en petite fille. Assise sur son pouf, elle se croisa les pieds et les mains en une attitude pleine de sérieux, mais sa vivacité reprenant le dessus, elle attira à elle un grand album de photographies et dit :

– Viens voir, il y a des portraits nouveaux, de gens que tu ne connais pas !

Albert se prêtait à son désir, se penchant avec condescendance, le front près du front de l'enfant, quand la bonne annonça :

Madame est servie.

Ferdinand offrit son bras à Mme Janville, Albert à Gabrielle ; elle avait une robe ouverte en carré, les bras à moitié nus : il les devinait fermes et doux, lisses comme la peau des roses-thé, et il aurait eu grande envie de promener seulement son doigt sur le bras blanc qu'il tenait sous le sien ; il se contenta de caresser la main de Brielle qui se laissa faire en le regardant avec un air innocent et cependant complice, un sourire où, sous la condescendance maternelle que lui conféraient son âge et le titre de « tante », quelque chose de séducteur perçait. Il devint tout rouge en sentant qu'elle lui pressait les doigts, et la petite caresse dure d'une bague qui le serra lui fit du mal et du bien, fit passer dans son dos un chaud et voluptueux petit courant. Nénette, gravement, toute seule, les suivait.

À peine eut-on mangé le potage que la bonne apporta une dépêche. Ferdinand tendit la main avec cet air surpris et un peu inquiet que l'on prend d'ordinaire devant une menace d'imprévu ; Gabrielle, moins maîtresse d'elle, avec la nervosité des femmes, s'écria :

– De qui est-ce ? Ouvre vite ? Si c'est un malheur, ne me le dis pas !

Archer brisa le sceau du papier bleu, lut et jeta sa serviette sous la table. Gabrielle se leva à moitié :

– Oh ! mon Dieu, qu'est-ce que c'est ?

Archer la regarda, prit un temps et dit d'une voix brève et tragique :

– Bernaud est mort !

– Votre associé ? s'écria Mme Janville, tandis que Gabrielle, sincère jusqu'au cynisme, lançait ce cri spontané :

– Bernaud est mort ! Mais alors tu vas gagner beaucoup plus d'argent, tout seul ?

Elle ajouta immédiatement, d'ailleurs : – Ce pauvre Bernaud, c'est sa femme qui va enfin respirer. – Il lui en avait fait voir de toutes les couleurs, fit-elle en regardant Mme Janville.

Ferdinand s'était levé, et, plein d'importance agitée, regardait sa montre :

– Marie, – ordonna-t-il à la bonne, – de la lumière dans ma chambre, vite, je prends l'express de dix heures !

– Comment, tu vas partir ! – cria Gabrielle suffoquée.

– Tu le demandes ? – fit-il ; – mais tu seras forcée de venir aussi à l'enterrement, je télégraphierai l'heure. Pars donc avec moi, ce sera plus simple.

– Et Nénette ? Et mes malles, et puis non, je ne veux pas partir comme ça. J'aime mieux te rejoindre demain soir, j'arriverai à temps pour l'enterrement, et puis est-il si nécessaire que j'y aille ? Tu diras à Mme Bernaud que je suis très souffrante, que le médecin m'a défendu le voyage.

Archer haussa les épaules, en homme qui n'a pas le temps de raisonner et qui cède toujours à des caprices d'enfant gâté.

– Eh bien ! dînez, – dit-il, – tandis que je boucle ma valise.

Mais elle s'accrocha à ses vêtements :

– Tu as bien le temps. Marie, servez-nous rapidement. Vous permettez que je le serve le premier ?

Et malgré la résistance de son mari, elle lui empila sur son assiette trois tranches de rosbif et une montagne de purée de pommes de terre. Il ne put s'empêcher de déclarer :

– Tu es une bonne femme tout de même ; – et il coupa dans le vif, avec un geste affamé, mais le souvenir de Bernaud lui fit retenir en l'air la bouchée qu'avait piquée sa fourchette, et tout ému, les larmes aux yeux, il murmura :

– Pauvre Bernaud, je savais bien qu'avec sa maladie de cœur, ça pouvait arriver d'un moment à l'autre, je me rappelle aussi tous les tours qu'il m'a joués, nous étions à moitié brouillés ces derniers temps ! n'importe, cela me fait beaucoup de peine !

Deux larmes qui s'étaient gonflées aux coins de ses yeux, comme si elles n'eussent attendu que ce moment, tombèrent alors lentement sur ses joues, et il reposa sa fourchette, recula son assiette, mit les deux coudes sur la table et s'essuya les yeux dans sa serviette.

– Voyons, – supplia Gabrielle tout émue, ne vas-tu pas te rendre malade ? Ce n'est pas Bernaud qui t'aurait pleuré s'il était à ta place ?

– Ferdinand, dit Mme Janville avec sentiment, nous savons tous que vous avez du cœur ?

– Nénette, viens embrasser ton père, ordonna Gabrielle.

Archer alors embrassa sa fille, puis sa femme et tranquillement se mit à manger, par bouchées puissantes et décisives, que coupaient des soupirs de résignation, tandis que Gabrielle parlait, parlait avec une loquacité exaltée et une fièvre presque joyeuse.

– Ce que c'est que de nous ! – répétait Mme Janville. – Dis à ton mari de ne pas tant se presser, qu'il a le temps.

– Oui, ne mange pas si vite, mon petit Ferdinand. Tu te feras mal à l'estomac ; il mange toujours trop vite, – fit-elle en se tournant vers les Janville, – rien n'y fait, le médecin te l'a dit, pourtant !

Archer se versa du vin, s'arrêta à mi-verre, comme un homme qui ne boit que par nécessité, se concède le strict nécessaire ; puis, prenant son parti de l'irréparable, d'un geste qui acceptait la vie, il pencha la bouteille et se versa rasade.

– Au pauvre Bernaud, fit-il en ébauchant un toast discret et en portant le verre à sa bouche : il fit clapper sa langue, en connaisseur, et dit :

– Il n'en boira plus d'aussi bon.

Ce fut l'oraison funèbre de l'associé. À partir de là, un vertige emplit la maison, un va-et-vient dans les escaliers, les portes rouvrant et claquant, les jupes de Gabrielle aperçues envolées sur ses chevilles moulées de bas noirs, où un pointillé de broderie montrait un jour de peau, les pépiements d'oiseau de Nénette courant en tous sens et se heurtant à tout, la grosse voix d'Archer, criant : « N'oublie pas mes mouchoirs ! » la bonne manquant de se casser le cou dans l'escalier, enfin le roulement d'une voiture s'arrêtant devant la porte. Archer reparut, tenant une valise d'une main, un ballot de l'autre, tout solennel et gonflé d'importance :

– Thérésine, – dit-il à Mme Janville, – je vous confie Gabrielle et Nénette. – Je te les confie aussi ! – fit-il avec une grâce magnanime en s'adressant à Albert qui commençait à trouver qu'on ne s'occupait pas assez de lui, et que cette marque de confiance toucha.

– Adieu, fit Archer, et il embrassa Mme Janville et Nénette, tendit la main à Albert.

– Mais il nous accompagne, – dit Gabrielle, qui avait échangé sa robe ouverte contre un vêtement montant et chaud. – Si tu crois que je veux revenir toute seule dans la voiture, pour avoir peur ? Ma bonne Thérésine, voulez-vous veiller à ce qu'on couche immédiatement Nénette, nous ne serons pas longs.

Protestations, étreintes, poignées de main, les Archer dans le fond de la victoria de louage, Albert assis sur une banquette aussi mince qu'un biscuit, et fouette cocher ! l'on roula dans la nuit claire que le clair de lune argentait. Quelle ne fut pas, sitôt les maisons de Vimeuse dépassées, la stupéfaction d'Albert en voyant Ferdinand tourner son visage contre sa femme et l'embrasser à pleine bouche, Gabrielle, en se détendant, d'un geste de défense, à la façon d'un ressort, envoya un coup de pied qu'Albert reçut dans le gras du mollet.

– Je t'ai fait mal, mon petit Albert ? – demanda-t-elle aussitôt. – Tu vois..., – dit-elle à son mari, – tiens-toi tranquille !

Il ne bougea plus en effet, parlant à peine, de loin en loin ; le noir des arbres les enveloppait, et l'on ne discernait que le point rouge du cigare qu'Archer tenait de sa main gauche et qui lui éclairait, quand il l'aspirait fortement, le bout des doigts. Albert, qui avait fumé deux cigarettes après le dîner, malgré le regard timidement sévère que sa mère lui avait lancé, se sentait du vague au cœur et il lui tardait que les cahots de la voiture eussent cessé ; une clarté de réverbères à lampes d'huile les éclaira soudain, la gare jaunâtre parut ; il s'aperçut alors, avec une stupeur indignée, une étrange colère jalouse, que Ferdinand tenait les pieds de Gabrielle entrelacés aux siens, et qu'il lui serrait la taille de son bras libre, appuyant la main sous la gorge avancée de la jeune femme.

– Mon petit Albert, – dit Ferdinand, – tu serais bien gentil de porter mes valises, pendant que je vais prendre mon billet.

– C'est ça, – pensa Albert, – comme un domestique ! Et ce lui fut une étrange souffrance physique de regarder Archer tendre la main à sa femme qui laissa voir ses mollets, en sautant du marche-pied.

On était en avance. Gabrielle voulut attendre le train. Albert, ayant froid, car la soirée était fraîche, se morfondit dans son petit pardessus neuf et regretta le vieux manteau qu'il avait si fort méprisé. Il éternua deux fois sans que les Archer fissent attention à lui ; alors il les maudit en son cœur et voua l'univers entier à la destruction, il vit Gabrielle torturée, nue, en des assauts de ville, aux bras de soudards ivres, Ferdinand écrasé dans une rencontre de trains, aplati comme une galette, et dans ce cauchemar sanglant et lascif il goûtait une absurde et aiguë volupté :

– Mais va-t'en donc ! répétait-il tout bas, en voyant le gros dos de Ferdinand aller et venir dans la salle d'attente, escorté de Gabrielle, – mais va-t'en donc !

VI

Cette fois la voiture les ramenait tous deux ; le grondement du train qui emportait Archer s'était tu dans la campagne, et Albert était assis, non plus sur le biscuit dur de la banquette, mais dans la bonne place du fond, serré autant que possible contre Gabrielle, dont le corps tiède, plein de mollesse, ne le repoussait pas. Des minutes coulèrent, et il se serrait de plus près contre ce corps jeune. Comment cela se fit-il ? Fût-ce qu'il triompha de l'horrible angoisse de ses doutes, de ses désirs, de sa timidité, d'il ne savait quoi de torturant qui lui criait d'oser, et qui en même temps lui montrait le péril d'un éclat, Gabrielle ordonnant au cocher d'arrêter, se jetant hors de la voiture, révélant tout ensuite à Ferdinand... ? Fût-ce plutôt qu'il la pressentit complaisante, amollie étrangement, victime d'un instant unique de langueur... ? le hasard en fut-il à un simple cahot qui les jeta l'un contre l'autre, le sûr est qu'il glissa son bras autour de la taille de Gabrielle et avança la bouche pour l'embrasser ; s'y prêta-t-elle, n'esquiva-t-elle pas assez vite ? leurs lèvres se rencontrèrent. Ce baiser fondit dans les moelles d'Albert, il crut mourir de plaisir. Elle s'était rejetée vivement en arrière, saisie, et son premier regard fut pour le dos aveugle et sourd du cocher, tandis qu'elle balbutiait :

– Bébé, grand bébé.

Et aussitôt, dans une reprise de soi-même et un retour de dignité offensée trop tard :

– Ne recommence jamais !

Ce ton le blessa, il tourna dédaigneusement la tête et bouda ; en même temps, il sentait bien que c'était contre lui-même, que le moment précieux passait ; déjà les premières maisons de Vimeuse apparaissaient, points de feu et vitres pâles, la voiture allait s'arrêter, et l'occasion perdue resterait à jamais perdue. Il avait laissé derrière la taille de Gabrielle son bras inerte, mort, et que l'immobilité engourdissait. Très doucement il ranima la pression, cherchant sournoisement les pieds de la jeune femme avec les siens, approchant la tête de son visage. Elle ne bougeait, comme absorbée en elle-même, hostile peut-être, et décidée à ne lui jamais pardonner. Mais peut-être aussi attendait-elle quelque chose ? Dans son indécision il n'osa qu'appuyer la tête sur l'épaule de Brielle, peu à peu leurs joues se touchèrent, la fraîcheur et la douceur de cette peau lui procura une indicible sensation ; en même temps il sentait un fin parfum âcre, relant du cigare d'Archer, persistant dans le boa de plumes qui entourait le cou de Gabrielle. Tout bas, tout bas il l'entendit soupirer, elle ne défendait pas sa main qu'il avait prise avec lenteur, et elle murmurait presque avec regret :

– Tu es trop grand, maintenant, mon petit Albert, tu es trop grand !

Mais il secoua la tête, et tout en la serrant tendrement, se rencogna, rentra ses jambes ; il eût voulu se rapetisser, devenir un baby à culottes courtes, pour qu'elle pût le choyer et le caresser. Et sans bruit, sans geste, il posa ses lèvres sur le cou parfumé de sa « tante » et y aspira un baiser de chair, long et suave :

– Grand bébé, – fit-elle tout bas, – quel bébé tu fais !

Alors il l'étreignit à se pâmer, elle ne se dégagea point, comme morte délicieusement. La voiture, roulant avec bruit sur les pavés et s'arrêtant bientôt devant le chalet les réveilla. Gabrielle sauta à terre et congédia le cocher, qui s'éloigna sur-le-champ.

– Déjà... – murmura Albert, sortant à regret de son rêve, et sentant tourner la terre autour de lui. – Oh ! ne rentrons pas encore.

Gabrielle hésita :

– Mais où veux-tu aller, mon petit Albert, qu'est-ce que tu veux faire à cette heure ? d'ailleurs ta mère a entendu la voiture. Rentrons !

Mme Janville en effet criait, du haut du perron, dans l'obscurité du jardin :

– Est-ce toi, Gabrielle, est-ce toi, Albert ?

– C'est nous, s'empressa de répondre Gabrielle, et comme le jeune homme se faufilait à ses côtés pour lui reprendre la main, elle le repoussa et se mit à marcher très vite.

Il la détesta alors, ne sut plus vraiment comment interpréter la douceur de son abandon récent et la rudesse, maintenant, de son geste. Peut-être n'avait-elle pas compris l'ardeur muette, l'étreinte de possession dont il l'avait enveloppée, était-ce par une maternité complaisante, mais platonique et qui n'entendait point aller plus loin, qu'elle lui avait dit d'une voix si singulière, lasse et douce :

– Grand bébé !

Il ne s'attendait pas, en tout cas, à ce que Gabrielle annonçât, pour premier mot, à sa mère :

– Ma bonne Thérésine, tu sais, je vous garde avec Albert, je n'oserai jamais coucher dans la maison, sans un homme pour me protéger. Tu vas me faire le plaisir de prendre la chambre d'amis, Albert couchera dans un petit cabinet.

Un débat s'ensuivit, après lequel Mme Janville, ainsi qu'il était à prévoir, céda. Albert resta muet d'espoir et d'attente en constatant que la pièce que lui réservait sa « tante », communiquait avec le cabinet de toilette de celle-ci, et de là avec sa propre chambre, tendue d'étoffe bleue et dont les fenêtres ouvraient sur la mer. Il constata, avec une joie profonde et obscure, que sa mère occupait une chambre distincte et éloignée, de l'autre côté du palier. On se souhaita le bonsoir, bougeoir en main ; il y eut diverses allées et venues, Gabrielle prêtant à sa cousine du linge et à Albert une chemise de nuit de Ferdinand, détail intime qui déplut à l'enfant et qui cependant, en vertu d'il ne savait quelle inavouable espérance, lui parut de bon augure ; on rentra enfin chacun chez soi, mais, en traversant la chambre de Gabrielle, et en portant ses regards sur le lit bas et large qu'elle allait occuper, il aperçut dans le fond la petite forme, indécise du corps de Nénette, endormie, les bras jetés autour d'un des deux oreillers.

Alors tout rêve insensé, toute confiance en l'impossible l'abandonna. Il retomba du haut du ciel à plat. Avait-il vraiment pensé que Brielle lui appartiendrait comme ça, sans hésiter, de façon toute naturelle ?

Elle l'installait d'ailleurs gentiment dans le petit cabinet, tâtant le couvre-pied, disant :

– J'espère que tu seras assez couvert !

Puis elle posait un bougeoir sur la cheminée, disant :

– Bonsoir, mon petit ! et se retirait, fermant la porte d'un léger verrou. Il eut envie de se ruer sur cette porte, et stupide, il se demandait s'il n'avait pas rêvé, si c'était bien vrai qu'elle se fût laissé ainsi presser dans ses bras et embrasser dans la voiture ? Fou, n'avait-il pas cru qu'elle allait s'asseoir sur le petit lit et lui mettre les bras autour du cou ! Et maintenant elle allait se déshabiller, s'endormir paisiblement ! Un vertige lui tourna le cœur ; il lui semblait qu'à travers la porte, l'odeur douteuse et pénétrante qui s'exhale de dessus une table de toilette de femme, et des flacons et ustensiles qui la chargent, lui saturait le cœur et les sens d'une volupté trouble et infinie. Si elle allait reparaître, sa toilette faite ! Hélas, il l'entendit, cette toilette, épiant, l'oreille collée à la cloison, des bruits de porcelaine et d'eau qui lui parurent charmants, riva, mais inutilement, l'œil à la serrure. Du temps s'écoula, toute clarté mourut dans la pièce de la chambre voisine ; une seconde porte se referma, et Albert, les pieds nus sur le parquet, immobile, retenait sa respiration, espérant absurdement ce qu'il savait bien ne pouvoir être.

Il ne se coucha que longtemps après, bien enrhumé, et s'endormit à la fin brisé, pour des cauchemars impossibles.

VII

Le lendemain matin, Gabrielle le réveilla en lui apportant un bol de chocolat avec des rôties. Elle avait un air sérieux qu'il ne lui connaissait pas. Elle alla d'abord s'assurer que Nénette était au jardin et que Mme Janville donnait tous ses soins à sa toilette, elle ferma alors la porte et s'assit sur le bord du lit d'Albert, auquel il ne manqua plus qu'elle mît les bras autour du cou, pour qu'il crût son rêve fou réalisé ; mais maternelle, elle lui dit :

– Mange ton chocolat, il n'est est pas trop chaud !

Il fit le geste de refus du prisonnier décidé à mourir de faim, si la princesse qui le visite ne consent pas immédiatement à le rendre heureux, mais elle lui mit de force la tasse dans les mains, et il dut la prendre sous peine d'en renverser le contenu sur les draps. Il fit tout son possible seulement pour ne pas paraître ridicule en cassant son pain grillé et en avalant le chocolat, sur les cuillerées duquel il dut souffler, parce qu'il était tout de même trop chaud ; sa « tante » le regardait, pensive, sérieuse, comme vieillie.

– Écoute-moi, mon petit Albert, dit-elle enfin, – je t'aime bien et je veux que nous soyons toujours bons amis, mais ce sera à condition que tu me respecteras comme tu le dois. Quand tu t'es comporté hier de la façon que tu sais dans la voiture, je n'ai pas osé me défendre, à cause du cocher, mais ne recommence jamais, sans quoi je serais forcée d'avertir Ferdinand. Qu'est-ce qu'il dirait ? Vois-tu, je suis bonne fille, je me montre familière avec toi, j'ai moi aussi du plaisir à t'embrasser, tu es un bon petit garçon que j'aime bien, mais il ne faut pas que ça aille plus loin. À ton âge et au mien, ce serait très mal. Pense à ta mère, pense à ma fille. Et Ferdinand qui t'a dit qu'il me confiait à toi ! Là-dessus, donne-moi une bonne poignée de main, prends garde de renverser ta tasse ; non, tu ne veux pas me donner une poignée de main, eh bien ! embrasse-moi, je te le permets, mais ce sera la dernière fois.

Albert posa sa tasse et saisit sa « tante » à pleins bras, lui baisa de toutes ses forces les joues et le cou, en l'étreignant si fort qu'il la plia en arrière, sur le lit ; elle ne se fâcha pas, ne se raidit pas, dit seulement :

– Tu m'as embrassée comme un enfant que tu es, un grand fou, pas raisonnable ; je vais t'embrasser en vieille tante et ce sera fini.

Elle lui jeta deux baisers secs sur le front et se retira, en ajoutant :

– Je viens de recevoir une dépêche de Ferdinand, je pars à 3 heures avec Nénette pour le rejoindre !

Albert se leva le cœur déchiré. Gabrielle partant, plus de pêche à la crevette, plus de flirt et de cousinage équivoque. Il se prit tout à coup à penser à Mme Émonot, se rappela l'invitation qu'elle lui avait faite : s'il n'était pas trop tard, s'il pouvait passer la journée avec elle et avec Pierre ! Ingrat envers Gabrielle comme l'ordonnaient son âge et son égoïsme ingénu, il réfléchit qu'à tant faire que de partir, elle eût bien dû prendre un train du matin, qui lui eût laissé sa journée libre, à lui. Mais peut-être ne serait-il pas forcé de l'accompagner à la gare. L'idée cependant de tout ce qu'il perdait en Gabrielle, d'espérances chimériques, sans doute, mais aussi belles pour lui que si elles avaient dû positivement se réaliser, le consterna. Il s'habilla machinalement et sortit. Nénette, qui l'aperçut derrière la grille, lui cria :

– Tu vas promener, dis, emmène-moi !

Il hésita :

– Va demander la permission à ta mère.

Elle y courut, et pendant ce temps il s'éclipsa rapidement. Il sentait bien que c'était une trahison peu gentille envers l'enfant, mais elle était encore par trop enfant aussi, et il ne se souciait pas de l'amuser en courant sur la plage ou en cueillant, ce qu'elle aimait par-dessus tout, des bouquets de fleurs dans les haies vives. Il avait d'ailleurs besoin de se ressaisir et de se concentrer en soi-même comme un homme.

Il marchait vite et sans regarder les gens, oubliant sa timidité vaniteuse et sa ridicule préoccupation de l'effet qu'il pouvait produire : un sentier s'ouvrit devant lui, hors du village, qui grimpait sur la falaise. Il s'y engagea. Le ciel du matin était d'un bleu pâle et âpre, le vent cuisait, et le soleil ne chauffait pas ; mais une telle splendeur claire émanait des choses qu'une joie, fraîche et pure, prenait le cœur. Albert, comme s'il goûtait encore le souvenir d'un fruit bizarre et délicieux, nuancé d'amertume, remâchait l'indicible sensation de sa courte, trop courte aventure sans espoir avec Gabrielle.

Il se sentait émancipé, grandi, virilisé ; sans doute ce départ, et ce qu'il tuait d'espoirs imaginaires, l'irritait et l'affligeait ; mais l'avenir, le mystère du possible restait, en dépit de la déclaration vertueuse de Gabrielle, intactes et réservées. Il s'imaginait, en une sorte de rêve bizarre éveillé, ce qui aurait pu être, hier au soir, ce qui serait peut-être un jour, il se repaissait d'images et de mots voluptueux, à défaut de réalités, sans songer à ce que de telles suppositions, déshonorantes pour la jeune femme, et périlleuses pour lui-même, contenaient d'affreux et inavouable égoïsme.

Mais quoi, la jeunesse et l'instinct qui veut qu'on aime l'emportaient. Et il montait, d'un élan fort et élastique, penché en avant, fouetté de vent salé, en plein ciel, sur la falaise au bas de laquelle battait la mer.

Quand il fut tout en haut, il aperçut deux silhouettes immobiles qui contemplaient le large, une très petite silhouette d'enfant, une plus grande de femme. Elles ne lui étaient pas inconnues. À mesure qu'il approchait d'elles, il cessait, intrigué et curieux de les reconnaître, de penser à « sa tante » et aux équivoques et malsaines impressions qu'elle suscitait en lui. Il ne douta plus au bout de quelques instants : les promeneurs immobiles qui regardaient la mer étaient son camarade Pierre et Mme Emomot.

Pourquoi Albert ressentit-il une honte étrange, pourquoi ne fut-il plus si fier d'être grand garçon, de connaître et de convoiter le mal, pourquoi souhaita-t-il que le vent salubre qui lui balayait le visage, balayât aussi de son âme ce qu'elle contenait d'impur ? Mystérieuse et inexplicable puissance d'un sentiment vrai ! Il pressentait peut-être que Mme Émonot, avec son visage de bonté et ses yeux de calme lumière, serait pour lui une amie sûre et la protectrice inviolée de son cœur d'enfant en mal de puberté. Il sentait bien, en tout cas, qu'elle n'avait rien de commun avec Gabrielle, rien de ses coquetteries lascives, rien de ses misérables et charmantes préoccupations d'enfant gâté. Mme Émonot serait-elle donc pour lui le bon ange grave et sévère, la conscience vivante et aimée ? – Aimée ? Quoi, aimerait-il déjà cette femme rencontrée la veille, uniquement parce qu'elle lui avait parlé avec intelligence, qu'elle l'avait regardé avec sympathie, qu'elle s'était montrée pour lui exactement ce qu'il fallait qu'elle fût, afin d'agir sur ce mobile et vaniteux et souffrant esprit d'adolescent ?

Mais, à supposer qu'elle dût s'intéresser un jour, demain, aujourd'hui peut-être même, à lui, qu'était-il, que valait-il pour qu'elle fît attention à lui ? Un peu d'humilité entra enfin dans son cœur, et il eut peur, vraiment, si elle allait le regarder froidement, fuir son salut, ne pas vouloir le reconnaître ?

Mais déjà, en l'entendant venir, Pierre et sa mère avaient tourné la tête, et tous deux lui souriaient, de loin, un peu étonnés, comme lorsqu'on retrouve un ami qu'on n'attendait pas de sitôt.